# EL LIBRITO DE
# INSTRUCCIONES
# DE DIOS
## PARA
# *Parejas*

EL AMOR ES LA AMISTAD
PRENDIDA EN FUEGO

Unilit    HONOR BOOKS    Sepa

Publicado por
**Editorial Unilit**
Miami, Fl. 33172
Derechos reservados

© 1998, 2011 Editorial Unilit (Spanish translation)
Primera edición 1998
Nueva edición 2011

© 1995 por Honor Books, Inc.
Originalmente publicado en inglés con el título:
*God's Little Instruction Book for Couples*.
Publicado por Honor Books, Inc.
Tulsa, Oklahoma 74155

Traducción: Gabriel Prada
Diseño cubierta /interior: Lisi Mejias
Fotografías de la cubierta e interior: © 2011 Tyler Olson, waterlilly. Usada con la autorización
de Shutterstock.com.

A menos que se indique lo contrario, las citas bíblicas se tomaron de la Santa Biblia,
*La Biblia de Las Américas*. © 1986 por The Lockman Foundation.
Las citas bíblicas señaladas con LBD se tomaron de la Santa Biblia, *La Biblia al Día*.
© 1979 por la Sociedad Bíblica Internacional.
El texto bíblico señalado con RV-60 ha sido tomado de la versión Reina Valera © 1960
Sociedades Bíblicas en América Latina; © renovado 1988 Sociedades Bíblicas Unidas.
Utilizado con permiso. Reina-Valera 1960° es una marca registrada de la American
Bible Society, y puede ser usada solamente bajo licencia.
Usadas con permiso.

Algunos pasajes bíblicos tienen comentarios de los autores.

Producto 498351
ISBN 0-7899-0546-9
ISBN 978-0-7899-0546-8
Impreso en Colombia
*Printed in Colombia*

Categoría: Vida cristiana/Relaciones/Amor y matrimonio
*Category: Christian Living/Relationships/Love & Marriage*

# Introducción

*El librito de instrucciones de Dios para parejas* es una colección de citas y versos bíblicos que motivará a las parejas casadas a llevar juntos una vida feliz y productiva, mientras que a la vez provee inspiración en el esfuerzo por lograr desarrollar carácter y excelencia en el diario vivir.

Este es un libro de interés para todas las edades, y aunque pequeño, está lleno de citas dinámicas acerca de cómo tener una relación significativa.

Este pequeño libro ofrece lectura divertida, y nos motiva a la meditación. Suple a las parejas consejos piadosos sobre numerosos temas de vital importancia para la vida matrimonial. Después de cada cita se ha incluido un verso inspiracional, para que puedan leer lo que nos dice respecto al tema el manual de instrucción de la vida, la Biblia.

*El librito de instrucciones de Dios para parejas* ayudará a las parejas a esforzarse para alcanzar la excelencia, al enfrentarse juntos a los retos de la vida y del matrimonio.

# Reconocimientos

Joseph y Lois Bird, James Dobson, H. Norman Wright, Mother Teresa, Joseph Joubert, Dan Bennet, Margaret Fuller, Mae West, Charles Meigs, Richard Dobbins, Margaret E. Sangster, Thomas Kempis, Martin Luther, Alvin Vander Griend, Ruth Bell Graham, George Adams, Winston Churchill, Glen Wheeler, Ogden Nash, Grit, Rene Jordan, Lady Bird Johnson, Mignon McLaughlin, Wilfred A. Peterson, Bishop Jeremy Taylor, Franklin P. Jones, Lucretius, Katherine Ann Porter, Ignacy Pederewski, Heine, Henry Longfellow, Andre Maurois, Louis Fromm, James Thurber, Hazel Scot, Marial Lovell, George Eliot, R.A. Heinlein, Dennis Rainey, Peter Devries, Samuel Rogers, David Ingles, Robert W. Burns, Howard y Jeanne Hendricks, Jerry McCant, Joseph Addison, G. K. Chesterton, Doris Day, Mary Kay Ash, Konrad Adenauer, Thomas Fuller, Neil Warren, Benjamin Franklin, Paul E. Tsongas, John D. MacDonald, Peter Marshall, Betty Mills, Kin Hubbard, Balzac, Michael Green, Henry Longfellow, Harold S. Hulbert, M. Shain.

# La familia
# fue idea de Dios.
# Y Él no se equivoca.

Por tanto, dejará el hombre a su padre
y a su madre, y se unirá a su mujer,
y serán una sola carne.

Génesis 2:21, RV60

# La familia comienza con un compromiso de amor.

POR ESTO EL HOMBRE DEJARÁ A SU PADRE
Y A SU MADRE, Y SE UNIRÁ A SU MUJER,
Y LOS DOS SERÁN UNA SOLA CARNE.

Efesios 5:31

# La piedra angular del matrimonio es una relación personal con Jesucristo.

He aquí, pongo en Sion una piedra escogida, una preciosa piedra angular, y el que crea en Él no será avergonzado.

I Pedro 2:6

La cosa más importante
que un padre puede
hacer por sus hijos es
amar a la madre
de ellos.

Maridos, amad a vuestras mujeres,
así como Cristo amó a la iglesia
y se dio a sí mismo por ella.

Efesios 5:25

# Amor significa, estar dispuesto a enfrentar riesgos, con tal de ver que los sueños del cónyuge se hagan realidad.

En esto conocemos el amor:
en que Él puso su vida por nosotros;
también nosotros debemos poner
nuestras vidas por los hermanos.

I Juan 3:16

Nada le gana al amor
a primera vista,
excepto el amor
con inteligencia.

Lo principal es la sabiduría; adquiere
sabiduría, y con todo lo que obtengas,
adquiere inteligencia.

Proverbios 4:7

La medida de un hombre no la encontramos en cuán grande es su fe, sino en cuán grande es su amor.

Nadie tiene un amor mayor que éste: que uno dé su vida por sus amigos.

Juan 15:13

Un consejo para la esposa:
Ante sus virtudes, sé bondadosa;
ante sus faltas, sé
un poquito ciega.

[El amor] no se irrita, no toma en cuenta
el mal recibido [...] sino que se alegra
con la verdad.

I Corintios 13:5-6

Antes de casarse las tres
pequeñas palabras son:
«Yo te amo».
Después que están casados son:
«Salgamos a comer».

Pero el casado se preocupa por las
cosas del mundo, de cómo agradar
a su mujer.

I Corintios 7:33

> Una casa está hecha
> de vigas y paredes;
> un hogar está hecho de
> amor y sueños.

Ella vigila la marcha de su casa,
y no come el pan de la ociosidad.

Proverbios 31:27

# La dirección de tus pensamientos puede determinar el curso de tu matrimonio.

Con toda diligencia guarda tu corazón; porque de él brotan los manantiales de la vida.

Proverbios 4:23

Las palabras tiernas pueden
ser breves y fáciles de decir,
pero el eco de las mismas es
verdaderamente eterno.

Panal de miel son las palabras
agradables, dulces al alma
y salud para los huesos.

Proverbios 16:24

Una esposa amorosa
puede ver el bien en ti,
aun cuando tú no puedes.

Sean pacientes unos con otros,
y por amor tolérense mutuamente
las faltas.

Efesios 4:2, LBD

# Los hijos tienen más necesidad de modelos que de críticos.

Sé ejemplo de los creyentes en palabra, conducta, amor, fe y pureza.

I Timoteo 4:12

# Una discusión es la distancia más larga entre dos puntos.

AIRAOS PERO NO PEQUÉIS,
no se ponga el sol sobre vuestro enojo
[tu exasperación, furia o indignación].

Efesios 4:26

El hecho de que somos
únicos, es lo que provee
a una relación de frescura
y vitalidad.

Porque asombrosa y
maravillosamente he sido hecho.

Salmo 139:14

Entrega todos tus problemas
a Dios. De todas maneras,
Él va a permanecer despierto
toda la noche.

Echando toda vuestra ansiedad
sobre Él, porque Él tiene
cuidado de vosotros.

I Pedro 5:7

Nuestra vida de oración
nunca tiene necesidad
de una rienda, pero a veces
sí necesita de
una espuela.

¿Sufre alguno entre vosotros?
Que haga oración.

Santiago 5:13

# Con tal de hacerse de una vida, los hombres se olvidan de vivir.

Por tanto, no os preocupéis diciendo: "¿Qué comeremos?" o "¿qué beberemos?" o "¿con qué nos vestiremos?" Porque los gentiles buscan ansiosamente todas estas cosas; que vuestro Padre celestial sabe que necesitáis todas estas cosas.

Mateo 6:31-32

# La mejor manera de apoyar a un hombre es en tus brazos.

Sea ahora tu misericordia para consuelo mío, conforme a tu promesa dada a tu siervo.

Salmo 119:76

La mejor manera en que tú y tu cónyuge pueden garantizar pasar tiempo sin los hijos es lavar los platos juntos.

Más valen dos que uno solo, pues tienen mejor remuneración por su trabajo.

Eclesiastés 4:9

¿Qué es un hogar sin una Biblia?
Es un hogar donde se
provee de pan diario para el
cuerpo, pero el alma nunca
es alimentada.

Escrito está: "No sólo de pan vivirá
el hombre, sino de toda palabra que
sale de la boca de Dios".

Mateo 4:4

Mientras más se acerquen un hombre y su esposa a Cristo, podrán ver de manera más clara la importancia de mantenerse unidos el uno al otro.

Y si alguien puede prevalecer contra el que está solo, dos lo resistirán. Un cordel de tres hilos no se rompe fácilmente.

Eclesiastés 4:12

Los niños son imitadores
por naturaleza, imitan a sus
padres a pesar de cualquier
intento de enseñarles
buenos modales.

Porque os he dado ejemplo, para
que como yo os he hecho, vosotros
también hagáis.

Juan 13:15

# El amor hace de una casa un hogar.

Dichoso serás y te irá bien. Tu mujer
será como fecunda vid en el interior de
tu casa; tus hijos como plantas de olivo
alrededor de tu mesa.

Salmos 128:2-3

**Nunca podrás «hallar» tiempo para hacer nada. Si quieres tiempo, tienes que hacerlo.**

Todo lo que tu mano halle
para hacer,
hazlo según tus fuerzas.

Eclesiastés 9:10

El tipo de música que las personas deberían tener en sus hogares es armonía doméstica.

Y sobre todas estas cosas, vestíos de amor, que es el vínculo de la unidad.

Colosenses 3:14

Noventa por ciento de la fricción que enfrentamos en el diario vivir, es causado por el tono de voz equivocado.

El hombre se alegra con la respuesta adecuada, y una palabra a tiempo, ¡cuán agradable es!

Proverbios 15:23

**El matrimonio debe ser ejemplo de los ideales más altos de la amistad, o de otra manera será un fracaso.**

Nadie tiene un amor mayor que éste:
que uno dé su vida
por sus amigos.

Juan 15:13

**Un amante sabio valora
no tanto el regalo
del amante, como el amor
del que lo regala.**

¡Cuán hermosos son tus amores, hermana
mía, esposa mía! ¡Cuán mejores tus amores
que el vino, y la fragancia de tus ungüentos
que todos los bálsamos!

Cantar de los Cantares 4:10

No existe ninguna
relación, comunión, o
compañía, que sea más hermosa,
amistosa y encantadora que un
buen matrimonio.

La mujer virtuosa es corona
de su marido.

Proverbios 12:4

Puedes hacer todas las cosas bien en tu papel de padre, pero si no comienzas amando a Dios, vas a fracasar.

Pero yo y mi casa, serviremos al Señor.

Josué 24:15

# Un matrimonio feliz es la unión de dos buenos perdonadores.

Sed más bien amables unos con otros, misericordiosos, perdonándoos unos a otros, así como también Dios os perdonó en Cristo.

Efesios 4:32

# Perdonar es dar amor, cuando no hay razón para hacerlo.

Bienaventurados los misericordiosos, porque ellos recibirán misericordia.

Mateo 5:7

Debemos aprovechar todas las oportunidades para dar ánimo. El ánimo es oxígeno para el alma.

Antes exhortaos los unos a los otros cada día, mientras todavía se dice: Hoy.

Hebreos 3:13

Puedes crear un oasis
de amor en medio de un
mundo cruel y desamparado,
al decidir luchar
y permanecer.

Un mandamiento nuevo os doy, que
os améis los unos a los otros; que como
yo os he amado, así también os améis
los unos a los otros.

Juan 13:34

**Mi logro más brillante fue persuadir a mi esposa para que se casara conmigo.**

Hay un tiempo señalado para todo [...] tiempo de buscar.

Eclesiastés 3:1,6

## Los lazos matrimoniales pierden su valor a menos que se mantenga vivo el interés.

Goza de la vida con la mujer que amas, todos los días de tu vida fugaz, porque esta es tu parte en la vida y en el trabajo con que te afanas bajo del sol.

Eclesiastés 9:9

El matrimonio puede hallar inspiración en la música, las palabras dulces y en el perfume; pero su seguridad se manifiesta en el trabajo, la consideración, el respeto y en el tocino bien frito.

En todo caso, cada uno de vosotros ame también a su mujer como a sí mismo, y que la mujer respete a su marido.

Efesios 5:33

Muchos padres han comenzado a entender que una palmada en la espalda ayuda en el desarrollo del carácter, si se administra a menudo, a tiempo, y bastante abajo.

Corrige a tu hijo y te dará descanso,
y dará alegría a tu alma.

Proverbios 29:17

La mejor parte de estar casado por largo tiempo es poder enamorarse de la misma persona una y otra vez.

Sea bendita tu fuente, y regocíjate con la mujer de tu juventud [...] su amor te embriague para siempre.

Proverbios 5:18-19

Para mantener el matrimonio repleto de amor, cuando estés equivocado, admítelo, y cuando tengas la razón, cállate.

Por tanto, confesaos vuestros pecados unos a otros, y orad unos por otros para que seáis sanados.

Santiago 5:16

**Puede que un matrimonio sea hecho en la gloria, pero el mantenimiento hay que hacerlo en la tierra.**

Lo que también habéis aprendido y recibido y oído y visto en mí, esto practicad, y el Dios de paz [bienestar sin perturbación] estará con vosotros.

Filipenses 4:9

# El ejemplo más impresionante de tolerancia es el aniversario dorado.

Sea bendita [con recompensas de fidelidad] tu fuente [de vida humana], y regocíjate con la mujer de tu juventud.

Proverbios 5:18

Lo mejor que uno le
puede sacar al matrimonio
son los hijos.

He aquí, don del Señor son los hijos;
y recompensa es el fruto del vientre.

Salmos 127:3

Primero, asegura una entrada económica independiente, entonces practica la virtud.

Ordena tus labores de fuera y tenlas lista para ti en el campo; y después edifica tu casa.

Proverbios 24:27

Llegar a ser una pareja felizmente casada es algo que no se puede enseñar, solo se puede aprender.

Por lo tanto, lo adecuado es que traten siempre de saber qué es lo que agrada al Señor.

Efesios 5:10, LBD

Necesitamos ser paciente con nuestros hijos, de la misma manera que Dios es paciente con nosotros.

Y vosotros, padres, no provoquéis a ira a vuestros hijos, sino criadlos en la disciplina e instrucción del Señor.

Efesios 6:4

No hay nada más fuerte que la ternura. No hay nada más tierno que la fuerza verdadera.

Tú me has dado también el escudo de tu salvación; tu diestra me sostiene, y tu benevolencia me engrandece.

Salmo 18:35

# Si vamos a discrepar, hagámoslo sin ser desagradables.

En cuanto de vosotros dependa,
estad en paz con todos los hombres.

Romanos 12:18

# El matrimonio es un maratón, no una carrera a toda prisa.

Jacob, pues, sirvió siete años por Raquel,
y le parecieron unos pocos días,
por el amor que le tenía.

Génesis 29:20

## Compartir los quehaceres del hogar facilita compartir el amor.

Llevad los unos las cargas de los otros,
y cumplid así la ley de Cristo.

Gálatas 6:2

**No te tomes a ti mismo muy en serio, pero nunca falles en tomar en serio a tu esposa.**

Nada hagáis por egoísmo o por vanagloria, sino que con actitud humilde cada uno de vosotros considere al otro como más importante que a sí mismo.

Filipenses 2:3

En ningún matrimonio siempre brilla la luz del sol, pero dos personas pueden compartir un paraguas si se acurrucan juntos.

Si dos se acuestan juntos se mantienen calientes, pero uno solo ¿cómo se calentará?

Eclesiastés 4:11

# Los buenos oidores son buenos amantes.

Escucha el consejo y acepta la corrección, para que seas sabio el resto de tus días.

Proverbios 19:20

# Se necesitan dos para comenzar una disputa.

La suave respuesta aparta el furor,
mas la palabra hiriente hace subir la ira.

Proverbios 15:1

Un matrimonio exitoso requiere que uno se enamore muchas veces, y siempre de la misma persona.

Te desposaré conmigo para siempre; sí, te desposaré conmigo en justicia y en derecho, en misericordia y en compasión.

Oseas 2:19

Al practicar el arte
de la paternidad, una onza
de ejemplo vale una
tonelada de predicación.

Sed pues imitadores de Dios como
hijos amados.

Efesios 5:1

# El amor es la amistad prendida en fuego.

La muchas aguas no pueden extinguir
el amor, ni los ríos lo anegarán.

Cantar de los Cantares 8:7

# Los mejores amigos son los mejores esposos.

Hay amigo más unido que un hermano.

Proverbios 18:24

El amor no es lo que
hace que el mundo gire.
El amor es lo que hace que
la vuelta valga la pena.

Y ahora permanecen la fe, la esperanza
y el amor, estos tres; pero el mayor
de ellos es el amor.

I Corintios 13:13

Debes echar de tu vida
todo pesar que sea dañino,
y tener una alegre
disposición.

El corazón gozoso alegra el rostro,
pero en la tristeza del corazón se
quebranta el espíritu.

Proverbios 15:13

# El amor es un producto del hábito.

Hijos, no amemos de palabra ni de lengua, sino de hecho y en verdad.

I Juan 3:18

Después de haber ganado una discusión con la esposa, lo más sabio que un hombre puede hacer es pedir perdón.

Y vosotros maridos, igualmente, convivid de manera comprensiva con vuestras mujeres, como con un vaso más frágil, puesto que es mujer, dándole honor.

I Pedro 3:7

El amor que perdura
se crea al borrar la línea
fronteriza que existe entre lo
«mío» y lo «tuyo».

En el momento actual vuestra abundancia
suple la necesidad de ellos, para que también
la abundancia de ellos supla vuestra
necesidad, de modo que haya igualdad.

2 Corintios 8:14

**Los niños no son causa de división en el amor de la pareja, lo multiplican.**

Los hijos son un regalo de Dios;
recompensa suya son.

Salmo 127:3, LBD

El amor hay que aprenderlo
y aprenderlo, vez tras vez;
no tiene final.

Y esto pido en oración: que vuestro amor
abunde aún más y más en conocimiento
verdadero y en todo discernimiento.

Filipenses 1:9

# Todo el mundo tiene paciencia. La gente con éxito aprende cómo usarla.

Porque cuando la paciencia alcanza su máximo desarrollo, uno queda firme de carácter, perfecto, cabal, capaz de afrontar cualquier circunstancia.

Santiago 1:4, LBD

# El matrimonio:
El océano en alta mar para el cuál todavía no se ha inventado una brújula.

Hay tres cosas que son incomprensibles para mí, y una cuarta que no entiendo [...] el camino del barco en medio del mar, y el camino del hombre en la doncella.

Proverbios 30:18-19

# El matrimonio no es para los débiles y cobardes.

Sea el matrimonio honroso [digno de alta estima, precioso, de gran precio y muy querido] en todos, y el lecho matrimonial sin mancilla [...] porque los juzgará Dios [...] [a todos los culpables de vicios sexuales].

Hebreos 13:4

# Un matrimonio alegre es como un pedacito de cielo en la tierra.

Date buena vida con la mujer que amas en los fugaces días de la vida, pues la esposa que Dios te da es la mejor recompensa por tu trabajo aquí en la tierra.

Eclesiastés 9:9, LBD

# El amor se da a sí mismo; no puede ser comprado.

Ni las muchas aguas pueden apagar la llama del amor, ni las inundaciones ahogarlo. Si el hombre tratara de comprarlo con todo cuanto tiene, no lo alcanzaría.

Cantar de los Cantares 8:7, LBD

El matrimonio feliz es como
una larga conversación que
siempre parece ser
muy corta.

Sean gratas las palabras de mi boca y la
meditación de mi corazón delante de ti,
oh Señor, roca mía y redentor mío.

Salmo 19:14

**Dos pueden vivir tan barato como uno, siempre y cuando uno no coma.**

Hay un tiempo señalado para todo:
[...] y tiempo de reír.

Eclesiastés 3:1,4

# Resuelvan sus problemas antes de acostarse, de esta manera despertarán sonriendo.

AIRAOS PERO NO PEQUÉIS; no se ponga el sol sobre vuestro enojo.

Efesios 4:26

El matrimonio es una promesa
que es compartida solamente por
dos, es la promesa de amar,
soñar y planear juntos, a través
de toda la vida.

Si dos de ustedes se ponen de acuerdo
[armonizan juntos, hacen juntos una sinfonía]
aquí en la tierra acerca de algo [cualquier
cosa] que quieran pedir en oración, mi Padre
que está en los cielos se lo concederá.

Mateo 18:19, LBD

# Amor es aquello por lo que has atravesado junto a otra persona.

El amor [...] todo lo sufre, todo lo cree, todo lo espera, todo lo soporta.

I Corintios 13:4, 7

Llegará el momento en que tendrán que explicarle a los niños por qué fue que ellos nacieron, y es maravilloso si ustedes conocen la razón.

Antes que yo [Dios] te formara en el seno materno, te conocí, y antes que nacieras, te consagré, te puse por profeta a las naciones.

Jeremías 1:5

# Dos almas con un solo pensamiento, dos corazones que laten al unísono.

POR ESTO EL HOMBRE DEJARÁ A SU PADRE Y A SU MADRE, Y SE UNIRÁ A SU MUJER, Y LOS DOS SERÁN UNA SOLA CARNE.

Efesios 5:31

Los cónyuges que colocan
a su compañero en primer
lugar, gozan de matrimonios
que perduran.

Con actitud humilde cada uno de
vosotros considere al otro como más
importante que a sí mismo.

Filipenses 2:3

Los matrimonios que triunfan por lo general descansan sobre una base donde ambos, el esposo y la esposa, rinden cuentas personales el uno al otro.

Honren a Cristo sometiéndose unos a otros.

Efesios 5:21, LBD

¿Habrá algo más grande para dos seres humanos que sentir que están unidos por toda la vida?

Y ningún hombre debe separar
lo que Dios juntó.

Mateo 19:6, LBD

# Tenga cuidado que su matrimonio no se convierta en un duelo en vez de en un dúo.

Así que procuremos lo que contribuye a la paz y a la edificación mutua.

Romanos 14:19

Puedes llevar tu matrimonio a la tumba prematura, por medio de una serie de pequeños empujones.

Muerte y vida están en poder de la lengua, y los que la aman comerán su fruto.

Proverbios 18:21

El amor, es aquella condición por medio de la cual la felicidad de otra persona es esencial para alcanzar tu propia felicidad.

El amor [...] no busca lo suyo.

I Corintios 13:5

Estar casado nos enseña
por lo menos una lección
de gran valor: pensar
antes de hablar.

Como manzanas de oro en engastes
de plata es la palabra dicha a su tiempo.

Proverbios 25:11

Un buen matrimonio, es aquella relación donde una perspectiva sana, pasa por alto toda una multitud de asuntos que no pueden ser resueltos.

Sobre todo, sed fervientes en vuestro amor, pues el amor cubre multitud de pecados.

I Pedro 4:8

Que la esposa haga que el esposo se sienta feliz de llegar a casa, y que el esposo la haga sentir triste por verlo partir.

Cada uno de vosotros [sin excepción] ame también a su mujer como a sí mismo [su propio ser], y que la mujer respete a su marido [que lo reconozca y lo estime].

Efesios 5:33

# ¡Ojo! con la tentación; mientras más la miras, mejor se ve.

Velad y orad para que no entréis en tentación.

Marcos 14:38

# Perdonar significa, ceder al derecho personal de castigar a otro.

Y cuando estéis orando, perdonada si tenéis algo contra alguien, para que también vuestro Padre que está en los cielos perdone vuestras transgresiones.

Marcos 11:25

Lo difícil del matrimonio
es que nos enamoramos de
una personalidad, pero debemos
vivir con un personaje.

Por tanto, confesaos vuestros pecados
unos a otros, y orad unos por otros.

Santiago 5:16

En realidad no importa con quién te casas, porque seguramente que al día siguiente encontrarás que era otra persona completamente diferente.

Te desposaré conmigo en fidelidad, y tú conocerás al Señor.

Oseas 2:20

# Amar es dar siempre más, y nunca llevar cuentas.

El amor [...] no toma en cuenta el mal recibido [no le presta atención al daño sufrido].

I Corintios 13:5

El hombre o la mujer que ha cooperado para mantener el hogar unido, nunca será un fracaso. Todo aquel que en su hogar ha sido victorioso, jamás será derrotado.

Bienaventurado el hombre que de ellos tiene llena su aljaba; no serán avergonzados cuando hablen con sus enemigos en la puerta.

Salmos 127:5

**El mejor descanso disponible
no lo podrás encontrar
en una colcha rellena
de plumas.**

Aunque pase por el valle de sombra de
muerte, no temeré mal alguno, porque tú
estarás conmigo; tu vara y tu cayado
me infunden aliento.

Salmo 23:4

La clave para tener un matrimonio feliz, es mantener los ojos bien abiertos antes de la boda [...] y medio cerrados después.

Sed más bien amables unos con otros, misericordiosos, perdonándoos unos a otros, así como también Dios os perdonó en Cristo.

Efesios 4:32

Hacer que el matrimonio funcione es como administrar una granja; hay que empezar todo de nuevo cada mañana.

Por la mañana hazme oír tu misericordia, porque en ti confío.

Salmo 143:8

Las parejas casadas que dicen nunca haber tenido una discusión en cuarenta años o tienen poca memoria o han tenido una vida muy aburrida.

Fieles son las heridas del amigo,
pero engañosos los besos del enemigo.

Proverbios 27:6

El servicio no es nada más que amor en ropas de trabajo.

Mientras más humildes sirvamos
a los demás, más grandes seremos.
Para ser grande, sirve.

Mateo 23:11, LBD

Se cumple con un compromiso de por vida, al cumplir las promesas día por día.

Antes bien, sea vuestro hablar: "Sí, sí" o "No, no"; y lo que es más de esto, procede del mal.

Mateo 5:37

# Recuerda: La ruta del verdadero amor está llena de obstáculos.

Porque tenéis necesidad de paciencia, para que cuando hayáis hecho la voluntad de Dios, obtengáis la promesa.

Hebreos 10:36

Es un gran consuelo
poder depositar los enredos
de la vida en las manos de
Dios, y dejarlos allí.

Echa sobre el Señor tu carga,
y Él te sustentará.

Salmo 55:22

En el matrimonio, la diferencia entre navegar tranquilamente y naufragar está en lo que como pareja ustedes hacen ante el mal tiempo.

Si eres débil en día de angustia, tu fuerza es limitada.

Proverbios 24:10

La vida de casado es un maratón.
No es suficiente con un buen
comienzo hacia un matrimonio
a largo plazo. Hace falta
la determinación.

Porque es necesaria la paciencia,
para que habiendo hecho la voluntad
de Dios, obtengáis la promesa.

Hebreos 10:36, RV60

El verdadero gozo no viene por las riquezas o la alabanza de los hombres, sino de hacer algo que valga la pena.

Más bienaventurado es dar que recibir.

Hechos 20:35, RV60

Nunca podrás estar felizmente casado con la otra persona hasta que no te divorcies de ti mismo. El matrimonio de éxito demanda cierto grado de muerte al yo.

Pero los que son de Cristo Jesús han crucificado la carne con sus pasiones y deseos. Si vivimos por el Espíritu, andemos también por el Espíritu.

Gálatas 5:24-25

# La gentileza no cuesta nada, sin embargo, compra cosas que son inapreciables.

En conclusión, sed todos de un mismo sentir, compasivos, fraternales, misericordiosos y de espíritu humilde.

I Pedro 3:8

El amor es el único negocio en el cual amerita ser un verdadero derrochador: Regálalo, bótalo; riégalo por todos lados, vacía tus bolsillos; sacude la canasta y mañana tendrás más que nunca.

Dad y se os dará; medida buena, apretada, remecida y rebosando darán en vuestro regazo; porque con la misma medida con que medís, os volverán a medir.

Lucas 6:38, RV60

La riqueza superflua puede comprar solamente cosas que están de más. No se requiere dinero para comprar ni una sola necesidad del alma.

De nada servirán las riquezas el día del Juicio; entonces sólo valdrá la rectitud.

Proverbios 11:4, LBD

Si el esposo y la esposa se pueden permitir el lujo, definitivamente deben tener baños separados, por el bien de su matrimonio.

El corazón alegre es buena medicina, pero el espíritu quebrantado seca los huesos.

Proverbios 17:22

La amistad aumenta la felicidad y disminuye la miseria al duplicar el gozo y dividir la angustia.

En todo tiempo ama al amigo,
y es como un hermano en tiempo
de angustia.

Proverbios 17:17, RV60

Amor significa amar aquello que no merece ser amado, o de otra manera no sería una virtud. Perdonar significa extender el perdón a quien no merece ser perdonado, o de otra manera no sería una virtud.

Soportándoos unos a otros, y perdonándoos unos a otros, si alguno tuviere queja contra otro. De la manera que Cristo os perdonó [libremente], así también hacedlo vosotros.

Colosenses 3:13, RV60

# Un buen esposo debe ser sordo, y una buena esposa debe ser ciega.

Sean benignos y perdonen;
no guarden rencor.

Colosenses 3:13, LBD

Todo el mundo tiene un letrero invisible colgando de su cuello que dice: «¡Hazme sentir importante!»

Así que sigan alentándose y edificándose mutuamente, como ya lo hacen.

I Tesalonicenses 5:11, LBD

# Una piel dura es un regalo de parte de Dios.

La discreción del hombre le hace lento para la ira, y su gloria es pasar por alto una ofensa.

Proverbios 19:11

# Todas las cosas son difíciles antes que se hagan fáciles.

Bienaventurado el varón que soporta la tentación; porque cuando haya resistido la prueba, recibirá la corona de vida, que Dios ha prometido a los que le aman.

Santiago 1:12, RV60

El matrimonio es como
la armonía: dos grupos
de notas para
la misma canción.

Completad mi gozo, sintiendo lo
mismo, teniendo el mismo amor,
unánimes, sintiendo una misma cosa.

Filipenses 2:2, RV60

La intimidad es el vínculo
místico de la amistad,
el compromiso y
la comprensión.

Hay un amigo más unido
que un hermano

Proverbios 18:24

Si el amor es como un rompecabezas, entonces el enamorarse es igual a encontrar las esquinas.

Y ahora permanecen la fe, la esperanza y el amor, estos tres; pero el mayor de ellos es el amor.

I Corintios 13:13, RV60

Si has de ser rico,
piensa también en ahorrar
cuando pienses
en adquirir.

Las hormigas: no son fuertes pero
almacenan para el invierno.

Proverbios 30:25, LBD

Jamás nadie ha dicho en su lecho de muerte: «Hubiera deseado haber pasado más tiempo en el negocio».

Trabajad, no por la comida que perece, sino por la comida que a vida eterna permanece.

Juan 6:27, RV60

Que el amor que ustedes
comparten sea tan eterno
como las corrientes del mar,
y tan profundo como
el océano.

El amor nunca deja de ser.

I Corintios 13:8, RV60

# Mi esposa es muy puntual; ella compra todo a tiempo.

En ella confía el corazón de su marido,
y no carecerá de ganancias.

Proverbios 31:11

Dios le ha dado a las mujer sentido del humor, para que puedan entender el chiste con quien se han casado.

El corazón alegre es buena medicina.

Proverbios 17:22

# Decansen el uno sobre las fuerzas del otro, perdónense las debilidades.

Soportándoos unos a otros,
y perdonándoos unos a otros.

Colosenses 3:13, RV60

**Nunca, nunca, seas demasiado orgulloso como para decir «lo siento» a tu hijo, cuando hayas cometido algún error.**

Y en cuanto a ustedes, padres, no estén siempre regañando y castigando a sus hijos, con lo cual pueden provocar en ellos ira y resentimientos [no los exasperen]. Más bien críenlos en amorosa disciplina cristiana, mediante sugerencias y consejos piadosos.

Efesios 6:4, LBD

Las amistades, al igual que los matrimonios, siempre dependen de que uno evite lo imperdonable.

Antes sed benignos unos con otros, misericordiosos, perdonándoos unos a otros, como Dios también os perdonó a vosotros en Cristo.

Efesios 4:32, RV60

**Nunca es demasiado pronto para hacer un acto de bondad, porque nunca sabrás cuándo será demasiado tarde.**

Exhórtense todos los días mientras les quede tiempo.

Hebreos 3:13, LBD

La oración diaria hará
que se disminuyan tus
preocupaciones.

Por nada estéis afanosos, sino sean
conocidas vuestras peticiones delante
de Dios en toda oración y ruego,
con acción de gracias.

Filipemses 4:6, RV60

El esposo debe hacer cumplidos a su esposa, traerle flores y decirle que se preocupa por ella. Estos son los ingredientes para la pasión genuina.

Sus hijos se levantan y la llaman bienaventurada, también su marido, y la alaba diciendo: Muchas mujeres han obrado con nobleza, pero tú las superas a todas.

Proverbios 31:28, 29

**Es más importante poder expresar el primer pensamiento, que la última palabra.**

Amados hermanos, el cristiano debe oír mucho, hablar poco y enojarse menos.

Santiago 1:19, LBD

Antes de criticar las faltas de tu esposa, debes recordar primero que quizá fueron estos mismos defectos los que impidieron que ella consiguiera un mejor esposo.

Así que, ya no nos juzguemos más los unos a los otros, sino más bien decidid no poner tropiezo u ocasión de caer al hermano.

Romanos 14:13, RV60

Los matrimonios que alcanzan el mayor éxito, son aquellos en los cuales el esposo y la esposa intentan edificar la autoestima del otro.

Por lo cual, animaos unos a otros, y edificaos unos a otros.

I Tesalonicenses 5:11, RV60

**Nuestros hijos están observando la manera en que vivimos, y lo que somos habla más fuerte que lo que decimos.**

No amemos de palabra ni de lengua, sino de hecho y en verdad.

I Juan 3:18, RV60

La luz solar del amor matará todo germen de egoísmo y odio.

El amor nunca deja de ser.

1 Corintios 13:8

# Amontona cada pedacito de crítica entre dos capas de alabanza.

Redarguye, reprende, exhorta con mucha paciencia e instrucción.

2 Timoteo 4:2

De todos los remedios
caseros, el mejor es
una buena esposa.

El que halla esposa halla algo bueno,
y alcanza el favor del Señor.

Proverbios 18:22

El éxito en el matrimonio
es mucho más que encontrar
la persona correcta.
También tiene que ver con ser
la persona correcta.

Y así como queréis que los hombres
os hagan, hacedlo con ellos de
la misma manera.

Lucas 6:31

**Una mujer debe ser un genio para crear un buen esposo.**

Abre su boca con sabiduría,
y hay enseñanza de bondad
en su lengua.

Proverbios 31:26

A menos que amar a tu familia sea la más alta prioridad, podrás ganar al mundo, pero perderás a tus hijos.

Padres, no exasperéis a vuestros hijos, para que no se desalienten.

Colosenses 3:21

# El mundo necesita de más corazones cálidos, y menos cabezas calientes.

La cordura del hombre detiene su furor,
y su honra es pasar por alto la ofensa.

Proverbios 19:11, RV60

Una chaqueta rota se puede
remendar pronto;
pero las palabras duras
magullan el corazón
del niño.

Y yo os digo que de toda palabra vana
que hablen los hombres, darán cuenta
de ella en el día del juicio.

Mateo 12:36

**Ustedes tienen toda una vida para disfrutar el uno del otro. No desperdicien ni un solo día.**

Goza de la vida con la mujer que amas, todos los días de tu vida fugaz.

Eclesiastés 9:9

Cuando Adán se encontraba solo,
Dios no creó diez amigos
para que estuvieran con él,
creó una sola mujer.

Mujer virtuosa, ¿quién la hallará?
Porque su estima sobrepasa largamente
a la de las piedras preciosas.

Proverbios 31:10, RV60

Los niños necesitan amor, especialmente cuando no merecen ser amados.

Dejad a los niños venir a mí, y no se lo impidáis; porque de los tales es el reino de los cielos.

Mateo 19:14, RV60

**El amor puede costar mucho, pero no amar siempre cuesta más.**

Y si diera todos mis bienes para dar de comer a los pobres, y si entregara mi cuerpo para ser quemado, pero no tengo amor, de nada me aprovecha.

I Corintios 13:3

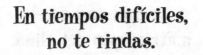

# En tiempos difíciles, no te rindas.

No nos cansemos, pues, de hacer bien;
porque a su tiempo segaremos,
si no desmayamos.

Gálatas 6:9, RV60

# La amistad es el matrimonio del alma.

Mejores son dos que uno; porque tienen mejor paga de su trabajo.

Eclesiastés 4:9, RV60

Las personas que están enamoradas se desean siempre lo mejor.

El amor [...] todo lo sufre, todo lo cree, todo lo espera, todo lo soporta.

I Corintios 13:4, 7

# El matrimonio requiere compromiso; al igual que todas las cosas buenas.

Guardaos, pues en vuestro espíritu,
y no seáis desleales para con la mujer
de vuestra juventud.

Malaquías 2:15, RV60

# La terapia a base de abrazos verdaderamente funciona.

Sed afectuosos unos con otros con amor fraternal [...] daos preferencia unos a otros.

Romanos 12:10

Otros títulos en la serie:
Los libritos de instrucciones de Dios están
disponibles en las librerías de su localidad.

- 9780789903518    El librito de instrucciones de Dios
- 9780789903525    El librito de instrucciones de Dios
  para mujeres
- 9780789905444    El librito de instrucciones de Dios
  para madres
- 9780789905451    El librito de instrucciones de Dios
  para hombres
- 9780789905475    El librito de instrucciones de Dios
  para jóvenes
- 9780789907011    El librito de instrucciones de Dios
  para los padres
- 9780789907813    El librito de instrucciones de Dios
  para líderes
- 9780789908506    El librito de Dios de Proverbios